# CRISIS CLIMÁTICA

«El cambio climático nos despierta a la realidad de nuestro tiempo, es un poderoso mensaje que nos dice que necesitamos un modelo económico totalmente nuevo»

Naomi Klein

# CRISIS CLIMÁTICA

Primera edición, abril 2024
Primera reimpresión, mayo 2024

© de la edición, FILOSOFÍA&CO, 2024.
© de la edición, Irene Gómez-Olano y
Romero, 2024.
ISBN: 978-84-10086-08-1
DL: M-35483-2023

Cita de la cubierta: Naomi Klein, *Esto lo
cambia todo*, Ediciones Paidós, 2015, p. 41.

Maquetación: José Toribio Barba.

Impreso en QP Print
(Miquel Torelló i Pagès, 4-6
08750 Molins de Rei).

Printed in Spain — Impreso en España

# ÍNDICE

«Este libro fue escrito utilizando
palabras 100 % recicladas»

Terry Pratchett, *Brujerías*

*Papá: el mejor regalo que puedo
recibir este año es verte recuperado.
Como sé que va a suceder, voy adelantando
el mío y te dedico este libro.*

# ESTAMOS ANTE UNA EMERGENCIA ECOSOCIAL

> «Escribo, tacho, reescribo,
> borro otra vez, y entonces
> ha florecido la jara».
>
> Jorge Riechmann, Z

Durante las décadas de 1960 y 1970, numerosos científicos pusieron el grito en el cielo: se estaba produciendo un calentamiento acelerado del sistema terrestre que amenazaba las delicadas condiciones ambientales de la Tierra. Las investigaciones en ecología señalaban al uso indiscriminado de combustibles fósiles, con su consecuente contaminación de dióxido de carbono y otros gases a la atmósfera, como principal responsable.

Sin embargo, aquella constatación, que generó un intenso debate técnico y político, no fue el pistoletazo de salida de la ecología, más bien un punto de inflexión. Y es que la ecología llevaba existiendo, al menos, cien años, desde que el biólogo alemán Ernst Haeckel acuñase el término en 1869 para referirse al estudio de la interdependencia y relación entre el ambiente y los organismos que en él —y de él— viven.

Desde su origen, la ciencia ecológica y las ciencias sociales han entablado un estrecho diálogo y relación, pese a que la ecología como tal sea una rama de la biología. Esto es así porque la motivación de la ecología nunca fue la contemplación del medio natural en abstracto, sino el estudio de su preocupante devastación, que no ha sido evidente hasta hace dos siglos. En este sentido, podemos decir que el objetivo de la ecología ha sido ofrecer un marco explicativo de lo que, posteriormente, hemos denominado «crisis climática» o «crisis ecosocial», con el objetivo de predecir el comportamiento de la biosfera y dar respuesta y soluciones científicas a las amenazas que enfrenta.

La filosofía, por su parte, no es —y no debería ser— una disciplina que se eleve por encima del mundo sin considerar las problemáticas reales que se dan en él. En este sentido, ha estado en estrecha relación con la ecología. En primer lugar, la filosofía no puede abstraerse de la realidad: todo pensamiento se da en un contexto y situación determinados. No hay disciplina que se libre del yugo de las condiciones materiales y económicas bajo las que se desarrolla. En segundo lugar, tal y como veremos, las preocupaciones en torno a la naturaleza han estado presentes desde el comienzo de la filosofía, motivo por el cual el pensamiento alrededor de la ecología ha entrado a formar parte del pensamiento filosófico de manera natural.

La filosofía, en tanto reflexión crítica y consciente del mundo, no puede ni debe desligarse de la problemática ambiental. De hecho, cada vez la integra más desde diversos puntos de vista. El problema ambiental está profundamente interconectado con los debates acerca de la naturaleza humana y nuestra relación con la naturaleza, pero en lo que nos adentra especialmente es en una reflexión sobre los deberes que tiene nuestra especie hacia las demás y hacia el entorno de la que todas dependemos, además de en una discusión política sobre qué tipo de sociedades necesitamos construir. También interpela a todos los proyectos de emancipación que, como el feminismo, se plantean hoy establecer una nueva ruta filosófica y política para orientarnos en base a criterios de justicia social.

En este libro recorreremos algunos de los principales problemas que se han discutido y se siguen discutiendo en filosofía sobre la ecología: el origen de su relación, el debate del Antropoceno/Capitaloceno, la naturaleza inherentemente destructiva (o no) del ser humano y el estatus de la tecnología en nuestras sociedades. El objetivo es hacer un mapeo de la intensa relación que tienen (y que podrían tener) ambas disciplinas para repensar cómo pueden (y deben) complementarse sus enfoques para construir en común un pensamiento que ayude a superar el enorme reto que tenemos por delante.

# DE UNA FILOSOFÍA NATURAL A UNA FILOSOFÍA DE LA CRISIS ECOLÓGICA

«¿De qué sirve una casa si no tienes un planeta habitable donde construirla?»

Henry David Thoreau, *Cartas*

Si bien la ecología como disciplina es de origen contemporáneo, desde la Antigüedad y en numerosas culturas la relación entre el ser humano y la naturaleza ha sido un problema filosófico. El término con el que los filósofos griegos se referían a la naturaleza era «*phýsis*», vocablo del cual proviene el actual «física», que refiere al estudio de lo natural. Cicerón lo tradujo al latín como «*natura*», término que es origen del actual «naturaleza».

La concepción griega de naturaleza a la que refiere la *phýsis* no es la misma que la que manejamos en la actualidad. Para la filosofía griega, la *phýsis* era todo el universo. Hoy en día, en cambio, al pensar en la naturaleza lo primero que se nos viene a la mente son ríos, montañas o bosques. Entendemos que esta es una parcela concreta del mundo, una que solemos contraponer a lo humano o lo cultural.

Etimológicamente, tanto en latín como en griego, el término refiere al nacimiento o producción de las cosas, por lo que los filósofos presocráticos entendieron que la física (ciencia de la *phýsis*) era estudiar el origen y el nacimiento del mundo. A este origen lo denominaban *arjé* o *arché* (palabra de la que proviene «arqueología»).

Aristóteles definió naturaleza como «la entidad de aquellas cosas que poseen el principio del movimiento en sí mismas por sí mismas»[1], lo cual le permitió nombrar un conjunto de cosas que son *por naturaleza* frente a aquellas que no lo son. Y es que lo que es y no es naturaleza para la filosofía ha ido cambiando con el tiempo. Las escuelas helenísticas entendieron que la na-

---

1 Aristóteles, *Metafísica*, Madrid, Gredos, 1994, l. V, c. 4, 1015a 15.

turaleza era el universo (*kosmos*) en su conjunto, y desarrollaron la idea de vivir «conforme a la naturaleza» como vivir conforme a las leyes del universo.

Frente a esta visión de la naturaleza como algo de lo que formamos parte, encontramos también visiones opuestas según las cuales el ser humano pertenece a un reino distinto. Se podría afirmar que en estas concepciones se halla contenido el origen de la división entre naturaleza y cultura. Los sofistas, por ejemplo, distinguían entre aquello que es por naturaleza (*phýsis*) frente a lo que es por convención (*nomos*), señalando una división entre ambas esferas.

El cristianismo volvió a darle una vuelta de tuerca al concepto de naturaleza, al considerar que esta era algo creado por un único Dios omnipotente. El ser humano, según el cristianismo, no solo sería un ser natural, tendría también una puerta abierta hacia lo sobrenatural, hacia aquel Dios que permite que lo natural exista. Es por esto que la ética cristiana no se basa en vivir conforme al orden de la naturaleza, sino en vivir conforme a la gracia divina, correspondan estas o no.

Como hemos visto, tanto en la Antigüedad como con la llegada del pensamiento filosófico cristiano, las implicaciones de nuestra relación y pertenencia con lo natural no fueron solamente cuestión de debate teórico: hicieron a nuestra naturaleza moral. De acuerdo con ellas, de la visión que tengamos sobre la relación existente entre nuestra especie y la esfera natural dependen, en gran medida, nuestros deberes éticos.

Durante la modernidad se impuso una visión de la naturaleza como una enorme máquina, cuyo funcionamiento podía ser conocido a través del descubrimiento de las leyes naturales, que serían equivalentes a los engranajes de un reloj. Poco a poco se asentó un fuerte dualismo entre naturaleza y cultura que el evolucionismo darwinista vino a poner en jaque, aunque se perpetuó posteriormente.

El dualismo entre naturaleza y cultura permitió que ambos polos fueran vistos en términos de partes en un conflicto. Este dualismo se asentó en una realidad material y económica, que era la relación entre el ser humano y su entorno en términos de explotación. La naturaleza era vista únicamente como fuente de recursos o lugar de asentamiento de las comunidades humanas, a través de la liquidación de parte de su diversidad. Es esta óptica la que terminó justificando ideológicamente el ecocidio en curso, es decir, la destrucción sistemática del medio natural por acción de la economía.

Frente a esta visión, la teoría de la evolución de Darwin planteó una idea de naturaleza de la que el ser humano forma parte, pues su origen y naturaleza se explican por el desarrollo del resto de especies y no como si fuera un reino al margen de los demás.

En este sentido, un atento lector de Darwin como fue Karl Marx señaló que más que una escisión «natural» entre ambos, lo que se daba en la relación entre naturaleza y cultura era una incompatibilidad «metabólica». Así, en *El capital* explicó que en el metabolismo entre naturaleza y cultura se daba una fractura provocada por el capitalismo. De esta forma, el desarrollo de las fuerzas productivas conforme a los criterios productivos e ideológicos capitalistas terminan generando una destrucción del entorno natural.

Esta noción de «fractura metabólica» fue recuperada por el sociólogo estadounidense John Bellamy Foster, para el cual el pensamiento materialista de Marx lo convirtió en un pensador profundamente ecológico.

El segundo tercio del siglo XIX fue clave en la emergencia del pensamiento ecológico. De la década de 1860 destacan la publicación de *El ca-*

*pital* (1867) y de las principales obras del biólogo alemán Ernst Haeckel. Dos décadas antes, Engels publicó *La situación de la clase obrera en Inglaterra* (1845), en el que el autor ya detectó una crisis relacionada con el modo de vivir urbano bajo el capitalismo. Es esta época en la que no solo empezó a emerger la ecología como ciencia, sino que las ciencias sociales y las letras comenzaron una reflexión profunda en torno a los problemas ambientales.

La preocupación creciente por el estado degradado de la naturaleza fue fruto de las evidencias, cada vez mayores, de que se estaba produciendo una devastación ambiental sin precedentes. Marx apuntó a la deforestación y la contaminación como algunos de los problemas que generaban esa «fractura metabólica» y que amenazaban al entorno y a nuestra especie.

Marx, Haeckel y Engels, junto con otros autores posteriores —como el silvicultor estadounidense Aldo Leopold, que en en su obra *Un año en Sand County* sentó algunas de las bases del pensamiento ecológico moderno—, fueron pioneros en la relación entre las ciencias y la filosofía a la hora de considerar la problemática ambiental. Una relación que no ha hecho más que estrecharse, mientras que la dinámica del resto de disciplinas en las universidades ha tendido más a la fractura y la especialización que al diálogo y el entrelazamiento.

Como defiende el filósofo y profesor español Jorge Riechmann[2], si la filosofía pretende decir algo sobre ecología debe integrar las perspectivas de las ciencias sociales y físicas, porque la crisis ecosocial no es solamente un problema moral: concierne a la termodinámica, la energía y la demografía, entre otras.

## El colapso: un problema filosófico para el siglo XXI

Aunque la relación entre el ser humano y la naturaleza ha sido un tema filosófico de primer orden a lo largo de los siglos, esta adquiere una nueva dimensión en nuestra época.

Hoy en día nos enfrentamos a nuevos problemas que nuestros antecesores no podían ni imaginar, pues la pregunta filosófica fundamental en torno a la naturaleza ya no tiene que ver con nuestra relación con el *kosmos* en abstracto, sino

---

2 Además de sus numerosos libros, es recomendable consultar su blog tratarde.org en el que se encuentran parte de sus reflexiones sobre la crisis ecosocial.

con nuestro papel en la devastación ambiental y en sus posibles soluciones.

Se trata del problema más urgente de nuestro presente. Cuando hablamos de crisis climática o ecológica (más adecuadamente «ecosocial», pues concierne también a nuestra forma de vida), lo que está en juego es el colapso de la civilización humana tal y como la conocemos. El biólogo Ricardo Almenar afirma que este posible escenario no sería del todo inédito, pues ya se han producido numerosos colapsos de civilizaciones a menor escala, donde diversos eventos, incluida la devastación ambiental, se han cobrado la vida de parte importante de una población y la destrucción de un cierto modo de vida[3].

Existe todo un debate en torno a si es adecuado el término «colapso» referido a los eventos que pueden estar por venir si no cambiamos rápidamente el rumbo de nuestras sociedades industriales. Algunos autores, como el antropólogo español Emilio Santiago Muiño en su libro *Contra el mito del colapso ecológico*, han señalado que un uso catastrofista de los términos puede llevar a la inacción política. Pero otros autores

---

3 Ricardo Almenar, *El fin de la expansión*, Barcelona, Icaria Editorial, 2012.

denuncian que quienes se niegan a usar este término podrían estar incurriendo en una subestimación de la crisis: tienen una visión demasiado optimista de la posibilidad de acabar con esta a través de los avances tecnológicos.

# DÓNDE ESTAMOS: LOS TRES GRANDES PROBLEMAS ECOLÓGICOS HOY

«Vos tenés la bala. Yo la palabra. La bala muere al detonarse. La palabra vive al replicarse».

Berta Cáceres, activista hondureña asesinada en 2016 por su labor ambiental

De todos los problemas que amenazan la existencia de nuestras sociedades tal y como las conocemos, podemos señalar tres como los más urgentes[1]: la extinción masiva de especies, el au-

---

1 Para un estudio más exhaustivo de esta cuestión, destaca el trabajo de los científicos Johan Rockström y Will Steffen. Estos científicos lideraron en 2009 un estudio titulado «Earth Boundaries», en el que trataron de diagnosticar el alcance real de la crisis ecosocial.

mento de temperatura global y la contaminación y colapso de los sumideros ambientales.

En cuanto al primer problema, podemos decir que nos encontramos ante lo que los expertos denominan «sexta gran extinción». Existe un amplio consenso en la ecología sobre que la Tierra ha experimentado hasta la fecha cinco extinciones masivas de biodiversidad, causadas por diversos fenómenos naturales extremos, como glaciaciones o el impacto de meteoritos. Sin embargo, ahora está teniendo lugar una de un alcance sin precedentes: la Tierra podría haber perdido hasta el 13 % de especies conocidas del planeta. Esto significaría que el alcance y la velocidad en la desaparición de especies es mucho mayor que el de extinciones anteriores. Además, por primera vez esta gran extinción no tendría que ver con eventos naturales, sino con la acción de un animal en concreto: el *Homo sapiens*.

La pérdida de biodiversidad es una amenaza para todo el ecosistema, no solo para las especies en peligro de desaparecer. Tal como señala el biólogo británico George Monbiot en *Salvaje. Renaturalizar la tierra, el mar y la vida humana*, las especies animales y vegetales realizan funciones esenciales en los ecosistemas, participando de las cadenas alimentarias. Por tanto, no solo tienen valor en sí, también lo tienen para la totalidad del sistema terrestre, y su desaparición tiene efectos devastadores, como la aceleración de la deforestación.

El segundo gran problema es el calentamiento sin precedentes del sistema terrestre. Los científicos y expertos en ecología están particularmente alarmados por algo que debería causar una alerta generalizada (y empieza a hacerlo): la temperatura media terrestre ha subido ya más de 1 °C respecto de su valor medio en la época preindustrial. Y podríamos ir camino de los 2 °C antes de que termine esta década.

Del calentamiento global vivimos hoy solamente el comienzo de lo que puede convertirse en una realidad aterradora. Si se cumplen los diagnósticos más probables y no logramos dar un giro brusco a la situación, la temperatura seguirá subiendo y, a finales del siglo XXI, podría superar los 6 °C de aumento. Una temperatura por la cual la existencia humana y de muchas otras especies se vería seriamente amenazada.

Como tercer gran problema hay que señalar tanto la contaminación atmosférica como la terrestre, en forma de colapso de los sumideros ambientales. La contaminación atmosférica es la principal responsable del progresivo calentamiento de la Tierra. Y esta, a su vez, es causada por la quema indiscriminada de combustibles fósiles, que incrementa el nivel de carbono atmosférico, y por actividades industriales como la ganadería, que producen enormes cantidades de gas metano.

Pero, además de emitir cantidades insostenibles de gases de efecto invernadero a la atmósfera, también destruimos los sumideros ambientales, los únicos capaces de absorber una parte de ese excedente de gases, como los océanos y bosques. La deforestación, la contaminación de los suelos por los nitritos (derivados a menudo de los purines de los animales de ganadería) y el envenenamiento de ecosistemas por la actividad industrial agravan el problema.

Estos tres problemas suponen un mapeo aproximado de la magnitud del asunto. Podrían haberse añadido otros, pero estos tres son los que nos permiten argumentar que la reflexión en torno a la ecología no debe atender a problemáticas concretas únicamente, debe pensar la interrelación entre los diferentes problemas. Y es que unos alimentan y repercuten sobre otros, retroalimentando el círculo vicioso de la devastación ambiental.

El problema de la crisis ecosocial es, por tanto, sistémico en un primer sentido. Esto es así porque no se trata de una suma simple de problemáticas concretas: estamos ante un problema del sistema terrestre en su conjunto, que involucra tanto a los procesos naturales como a las sociedades humanas de las que estos dependen. En esta línea, Jorge Riechmann denomina al siglo XXI como «el siglo de la gran prueba», haciendo referencia a que es ahora cuando nuestra especie se juega más que nunca en su historia[2].

**La crisis ambiental como problema económico**
La crisis ecosocial es un problema sistémico en otro sentido: atañe al sistema económico. Es una crisis que se da *en* un sistema económico determinado y que nos obliga a pensar el problema como parte de nuestro tiempo, sin eludirlo. En segundo lugar, es una crisis *de* ese mismo sistema, en el sentido en que amenaza su continuidad. El capitalismo, como señaló Marx, genera las bases para su propia destrucción porque impide su replicación indefinida. Por eso, la reflexión en torno a la ecología a menudo ha considerado

---

2 Jorge Riechmann, *El siglo de la gran prueba*, Tenerife, Baile Editores, 2013.

cuestiones económicas o ha partido de ellas, señalando que la economía neoclásica tradicional (que fundamenta ideológicamente el sistema económico capitalista) es parte del problema de la crisis climática.

Como señala la economía ecológica, el pensamiento neoclásico tradicional tiende a considerar la economía como un sistema cerrado, donde los bienes son adquiridos por los hogares, generando un beneficio que, a su vez, permite producir más bienes. Para la economía neoclásica, por tanto, la fuente primaria de la que se extraería la riqueza son los bienes precedentes y no la naturaleza, algo que va contra las propias leyes de la termodinámica. La economía tradicional entiende la naturaleza como algo externo de lo que extraer recursos de manera ilimitada y donde desechar aquello que le es inservible al sistema.

Por tanto, vemos que, para este paradigma económico —y también ideológico—, la naturaleza es concebida en términos de oposición ante el ser humano y desde el punto de vista de la mera explotación de sus recursos. Se trata de una visión utilitarista de la naturaleza, que no la considera como un bien en sí mismo.

Frente a esta visión, la economista inglesa Kate Raworth defiende, en su libro *Economía rosquilla,* que las metáforas asociadas con la economía neoclásica son antropológicamente equivocadas, proponiendo unas metáforas e imágenes nuevas desde donde pensar una economía adecuada a los límites biofísicos de nuestro planeta. En primer lugar, Raworth considera que medir el desarrollo humano y la felicidad en términos de PIB (Producto Interior Bruto) es un gran error, porque nada dice este de los niveles reales de satisfacción de la población, ni de la adecuación de la economía a los límites que impone la naturaleza. En segundo lugar, la imagen clásica del PIB creciendo de manera ilimitada y exponencial es contradictoria con el funcionamiento físico del mundo: nada puede crecer de forma ilimitada en un mundo limitado ecológicamente.

Ya por último, la economía neoclásica tradicional se basa, según la autora, en el ideal antropológico del *Homo oeconomicus,* que no representa al ser humano real. El *Homo oeconomicus* es la denominación según la cual la economía tradicional considera al ser humano como un ser fundamentalmente egoísta y competitivo. Fue acuñado en el siglo XIX por varios críticos de la obra de John Stuart Mill, uno de los padres de la economía.

De acuerdo con este paradigma, la evolución humana se da fundamentalmente debido a la competencia (y no a la cooperación). Por tanto, un sistema económico basado en la competencia no sería solamente el mejor en términos de conquistas sociales y de derechos, también sería el sistema económico más *natural* y ajustado a la naturaleza humana, es decir, el más racional.

Los economistas que han considerado cuestiones ecológicas —pero también de justicia social en general— tienen serias sospechas de que se trata de una metáfora equivocada, no solo por las conclusiones a las que llega —que necesitamos un sistema económico donde prime la competencia y la destrucción ambiental—, sino por sus propias premisas. Y es que todo apunta a que el ser humano no es un ser eminentemente competitivo: en él se combinan impulsos a la competencia tanto como a la empatía y la cooperación, cuestiones que intervienen enormemente en nuestro desarrollo y evolución como especie.

Es por esto que Kate Raworth propuso redibujar la economía mediante la introducción de un esquema en forma de rosquilla, para así abandonar al *Homo oeconomicu*s a su suerte. El suelo interior de la rosquilla equivaldría a las necesidades humanas, aquello de lo que no podemos prescindir para vivir. El círculo exterior estaría condicionado por los límites ecológicos del mundo. Entre ambos límites debería desarrollarse idealmente la economía.

La «economía rosquilla» de Raworth nos da una idea de hasta qué punto nuestras imágenes económicas actuales se distancian de las que necesitamos para hacer frente a la crisis ambiental. Sin embargo, con su nuevo paradigma no acaba el debate, sino que más bien empieza. ¿Cómo alcanzar una sociedad donde no superemos los límites ecológicos, pero sí satisfagamos las necesidades humanas? ¿Cómo podría ser este sistema? Y, especialmente, ¿cómo articulamos las fuerzas sociales necesarias para emprender los cambios necesarios que nos lleven por esta nueva senda? Son preguntas complejas, pero abordemos algunas de las respuestas que la filosofía económica y la propia economía han proporcionado.

Si bien la reflexión económica en torno a la crisis socioambiental involucra numerosos problemas éticos y filosóficos, podemos detectar al menos dos grandes debates en el seno del pensamiento ecológico que entroncan directamente con problemáticas clásicamente filosóficas. En primer lugar, se ha planteado en numerosas ocasiones que la devastación ambiental es inevitable porque el ser humano es malo y destructor por naturaleza. ¿Es esto así? En segundo lugar, existe un encendido debate en torno a si podemos considerar que el impacto del ser humano sobre la Tierra es tan determinante que la hemos llevado a un nuevo momento geológico, y qué implicaciones tiene considerarnos a nosotros mismos como una fuerza geológica. Abordaremos estas problemáticas.

## La crisis ambiental, ¿un problema del ser humano o del capitalismo?

La filósofa española Marta Tafalla afirma, en su libro *La filosofía ante la crisis ecológica,* que el problema ambiental está presente desde la aparición y expansión masiva de nuestra especie. Según esta hipótesis, la expansión del ser humano en diferentes territorios habría provocado la subsiguiente desaparición de multitud de especies, como la megafauna, alterando así las cadenas tróficas por completo. El problema, por tanto, no sería tanto un sistema económico concreto, sino la misma naturaleza humana.

«Megafauna» es el término con el que, en biología, se denomina a los animales de gran tamaño, que fueron mucho más numerosos en la Antigüedad. Tal y como señala el biólogo británico George

Monbiot, la megafauna es la primera perjudicada cuando el ser humano se establece en un territorio nuevo. Numerosos estudios en paleobiología invitan a pensar que, en Europa, por ejemplo, existían animales mucho mayores al comienzo del Holoceno (el actual periodo geológico, que comenzó hace aproximadamente 10 000 años).

Lo que propone Monbiot como medida para paliar los efectos de la crisis ecosocial desde la ciencia biológica es «resalvajizar», es decir, tratar de reconvertir el máximo número de territorios posibles a su ecosistema equivalente cuando no se hallaba establecida la especie humana. Reintroducir a la megafauna, como a los elefantes en ecosistemas de los que desaparecieron, sería una medida efectiva para restaurar las cadenas tróficas, perjudicadas por la desaparición de biodiversidad. Para Tafalla, en base a problemas como el de la megafauna, la crisis ambiental no solo sería, por tanto, un problema del sistema económico, sino de la naturaleza misma del ser humano.

Frente a esta visión, se encuentran quienes consideran que no podemos atribuir la responsabilidad de la crisis ambiental a la especie humana en conjunto. Los argumentos que esgrimen se engloban en dos grupos: por un lado, sostienen que el nivel de devastación ambiental sistemática alcanzado a partir del siglo XVIII es enormemente superior al de siglos precedentes y que es un salto demasiado grande equiparar la sexta gran extinción y el colapso de algunos de los grandes sumideros ambientales actuales con, por ejemplo, la desaparición de parte de la megafauna.

Desde un punto de vista más político, autores como los argentinos Juan Duarte y Santiago Benítez-Vyeira —psicólogo y biólogo respectivamente— han apuntado que atribuir la responsabilidad en general a la especie humana supone no considerar que hay seres humanos más responsables que otros. Por ejemplo, no hay más que ver el impacto ambiental del lujo: solo los 300 yates más grandes del mundo emiten cada año tanto dióxido de carbono como el equivalente a un país de diez millones de habitantes. El eje norte-sur marcado por el imperialismo también es un factor relevante que implica que no todos contaminamos igual. El nivel medio de devastación ambiental en los países pobres es infinitamente inferior al de los países más ricos.

Yendo a la raíz de la cuestión, lo que se pone sobre la mesa en este debate es un problema histórico y geopolítico, pero también filosófico. ¿Somos destructores por naturaleza y por eso producimos devastación ambiental? Para profundizar en este debate, conviene introducir, de la mano de la bióloga estadounidense Lynn Margulis, el concepto de «simbiogénesis»[3].

Lynn Margulis fue una de las principales figuras intelectuales en el campo de la biología evolutiva en el siglo XX. Se especializó en el estudio del surgimiento de las células eucariotas, aquellas que componen los organismos complejos pluricelulares. Esto supuso un gran enigma para la ciencia: ¿cómo fue posible el surgimiento de las células complejas a partir de las células simples (procariotas)? El consenso del momento bebió del pensamiento de Darwin: la competencia entre microorganismos favoreció la aparición y perpetuación de genes con mayores posibilidades de supervivencia, la base para los organismos más complejos.

Sin embargo, las investigaciones de Lynn Margulis apuntaron en otra dirección. Sin negar que la competencia y la ley del más fuerte jugaban un papel fundamental en la evolución, este no era el único elemento que la había hecho posible. Formuló así una hipótesis según la cual la aparición de los organismos complejos se debió a la incorporación simbiótica de las células pro-

---

3  Lynn Margulis, *Planeta simbiótico*, Madrid, Debate, 2001.

cariotas. Es decir, a la «cooperación celular», y no a su destrucción mutua. A este proceso donde la simbiosis y la cooperación son igual de importantes que la competencia en la evolución, Lynn Margulis lo denominó «simbiogénesis».

Si pensamos, como nos recuerda Jorge Riechmann, que nuestros organismos están compuestos en un 50 % de bacterias, entenderemos mejor que el acoplamiento entre organismos es lo que permitió y continúa permitiendo el éxito evolutivo y la perpetuación de las especies. Riechmann sostiene que este elemento nos debería llevar a abandonar nuestra visión según la cual el ser humano es el centro de todas las cosas (antropocentrismo) hacia una visión más bien *bacteriocentrista*.

Lynn Margulis no fue la primera en proponer que la cooperación es un elemento clave en los procesos evolutivos. El filósofo anarquista ruso Piotr Kropotkin había propuesto algo muy similar unas décadas antes. A este proceso lo denominó «apoyo mutuo» y le parecía un ejemplo de que los seres humanos no debíamos operar solo a través de mecanismos de competencia, también de cooperación.

Entonces, ¿somos seres competitivos que destruyen sistemáticamente el medioambiente o seres compasivos y empáticos que cooperan entre sí y con los demás para evitar que esto ocurra? Todo apunta, más bien, a una combinación de ambas cosas.

El potencial de las teorías del apoyo mutuo y la simbiogénesis no se encuentra tanto en refutar nuestro potencial destructivo como en considerarlo dentro de un contexto donde no somos seres únicamente destructivos y violentos, sino también seres capaces de comportarnos éticamente con los demás y con el entorno.

Para la filosofía y la antropología esto tiene una importancia fundamental. El economista español Paco Puche señaló, en *Lynn Margulis: una revolución en la biología*, que la simbiogénesis que propone Margulis, además de una herramienta útil en biología, permitiría entender mejor el comportamiento económico del ser humano, porque esas dinámicas de cooperación son clave para desmontar la ideología de la economía neoclásica.

Frente al sujeto frío y competitivo que propone este paradigma económico, Puche cree que son los mecanismos de la solidaridad y la cooperación los que mejor reflejan nuestro comportamiento económico «natural». Por tanto, una economía a la altura de nuestra especie sería una que pusiera en el centro de la discusión la necesidad de interrelación y cooperación entre seres humanos y entre nosotros y la naturaleza, no una que se basara en la competencia y el extractivismo.

Algo muy parecido propone Jorge Riechmann en *Ética extramuros*, cuya primera edición, de hecho, se tituló *Interdependientes y ecodependientes*. Según el filósofo, son los mecanismos de interdependencia humana los que realmente nos definen y constituyen el impulso para evolucionar y construir estructuras sociales complejas.

Sin ellos, la mera competencia sería incapaz de generar comunidades fuertes y formas de vida en común tan complejas como las actuales. Y todo ello se produce con un intercambio continuo de materiales y energía con la naturaleza, en la base de nuestras sociedades, lo cual nos convierte en criaturas enormemente vulnerables y dependientes de la naturaleza.

En las antípodas del razonamiento sobre la «ecodependencia» estaría el pensamiento del filósofo y sociólogo francés Émile Durkheim, que señaló que los sistemas sociales podrían estudiarse independientemente de los factores ambientales, porque la humanidad se habría liberado de la naturaleza como parte de su desarrollo histórico. Esta visión es profundamente antiecológica y, además, poco realista teniendo en cuenta los

enormes condicionantes materiales que intervienen en nuestra vida: desde los suministros ener-
géticos hasta la producción alimentaria, pasando
por la necesidad de tener unos bosques, océanos
y ecosistemas sanos para nuestra simple supervivencia.

Por tanto, es cierto que, allá donde se establece, el ser humano introduce modificaciones en el
entorno que incluyen la extinción de otras especies y la modificación agresiva del entorno. Pero,
por otro lado, también es posible considerar que
nuestra naturaleza tendente a la cooperación (y
sus formas morales de expresarse como la com-
pasión o el rechazo a causar dolor a otros) es en
lo que podemos apoyarnos para tratar que esto
suceda en la menor medida posible.

Aunque la crisis ambiental no sería posible si
en el ser humano no hubiera un potencial destructivo, como veremos más adelante, un buen
análisis económico desvela que la tendencia a
acumulación del capitalismo y la explotación a
la que somete a los seres humanos y a la naturaleza son determinantes. Antes del origen del
capitalismo podemos encontrar ya dinámicas no
solo ecodestructivas, también patriarcales y de
injusticia social; este sistema se nutre como ningún otro de todas las opresiones que se dan en

el sistema y de la explotación de la naturaleza. Por eso, cuesta imaginar una transición ecosocial que no sea además una superación del sistema económico.

En este sentido, tener en cuenta que los seres humanos somos capaces de cooperar y ser solidarios puede ser clave para imaginar alternativas al sistema que no conduzcan a la catástrofe. La transición no tiene por qué venir impuesta por las élites *desde arriba,* puede ser construida por las clases y pueblos que, precisamente, más sufren por la crisis ambiental.

En esta línea, el filósofo y físico español Adrián Almazán propone, en *Ecosocialismo descalzo,* que el reto de este siglo no es solamente sobrevivir, sino, sobre todo, seguir peleando por vivir bien en sociedades justas y libres. El reto ecológico que tenemos por delante consiste, fundamentalmente, en seguir peleando por vivir bien.

### Antropoceno: ¿estamos ante un nuevo periodo geológico?

El neologismo «Antropoceno» combina la palabra griega *anthropos* (ser humano) y el sufijo «-eno», empleado en geología para hacer referencia a los periodos. Alude a la enorme repercusión que la acción humana tiene sobre el clima y la biodiversidad terrestres por el consumo excesivo de combustibles fósiles y otros recursos, así como la contaminación que de ello se genera.

Entre científicos físicos (físicos, químicos o biólogos) y sociales (antropólogos, sociólogos o economistas) se ha generado un intenso debate en torno a esta noción. Fue acuñada por el biólogo estadounidense Eugene F. Stoermer, que en los años 80 del siglo XX utilizaba el término entre sus colegas y estudiantes. Posteriormente, en la década de los 2000, el Premio Nobel de Química Paul Crutzen popularizó el término como forma de designar una época en que las actividades humanas empezaban a provocar cambios geológicos y a alterar el delicado equilibrio terrestre que existe desde el comienzo del Holoceno.

Stoermer y Crutzen proponían, como punto de partida para esta nueva época, el siglo XVIII. Más concretamente, el año 1784, cuando la máquina de vapor de James Watt se perfeccionó y se aceleró la Primera Revolución Industrial y la extracción de combustibles fósiles. Otros autores, en cambio, consideran que el evento determinante que dio paso al Antropoceno fue la explosión de las bombas nucleares de Hiroshima y Nagasaki (1945).

Muchos son los debates que se originaron en torno a esta noción, especialmente porque desde su popularización se ha extendido como la pólvora en todo tipo de publicaciones científicas y divulgativas. En primer lugar, algunos geólogos dudan de que se pueda denominar al Antropoceno como una verdadera época geológica porque los datos sobre las alteraciones terrestres por actividad humana solo podrían medirse transcurrido mucho más tiempo del que hace que comenzó la Revolución Industrial. Sin embargo, según otros autores, la acumulación de radiación provocada por las bombas atómicas, la presencia de residuos plásticos por todo el globo (cuya desintegración necesita cientos o miles de años) y la extensión de huesos de determinados animales de consumo global (como el pollo) serían algunos indicios de que sí podemos hablar de un poso geológico de la actividad terrestre, aunque está por ver su impacto a largo plazo.

Por otro lado, tal como señala la corriente de pensamiento ecosocialista, si el origen del Antropoceno se data entre el siglo XVIII y el XX, no estaríamos hablando en abstracto de un «impacto humano» sobre la Tierra, sino del impacto que un tipo concreto de sistema económico ha tenido sobre el planeta. Algunos autores, como el historiador y economista Jason Moore, proponen hablar más bien de «Capitaloceno». Moore, en su libro *Anthropocene Or Capitalocene? Nature, History, and the Crisis of Capitalism*, defendió que este término reflejaba mucho mejor el carácter de la nueva época que trataba de describirse.

De las críticas al término «Antropoceno» podemos extraer dos conclusiones. Por un lado, que apela a la responsabilidad del ser humano en conjunto, que, como hemos visto, es solo una de las posturas posibles relativas a las responsabilidades que existen en la crisis ecosocial. La otra postura más relevante es aquella que apela al sistema económico capitalista como su origen. Por otro lado, afirmar que estamos en el Antropoceno eleva al ser humano a fuerza geológica, lo cual es útil a la hora de entender el enorme impacto negativo de su actividad, pero inútil cuando de lo que se trata es de salir de los marcos antropocéntricos.

Pero ¿qué entendemos por marcos antropocéntricos? El antropocentrismo es aquella ideología que considera al ser humano como centro y medida de todas las cosas. Para autores como la filósofa ecofeminista española Alicia Puleo, esta mentalidad está en la base de la destrucción ambiental porque eleva al ser humano —más concretamente, al varón— como amo y señor del mundo[4]. Los recursos naturales estarían a su completa disposición, desapareciendo la posibilidad de que tengan valor por sí mismos. Lo que proponen diversos autores es una «ética ecocéntrica», es decir, que considere que es el mundo entero el centro de la reflexión y nosotros un animal más de él.

Jorge Riechmann recuerda en varias de sus obras que el antropocentrismo, además de destructivo, también resulta absurdo en términos científicos. El ser humano es uno más entre muchos animales y seres del mundo y no controla, de facto, prácticamente nada. Aunque sí tiene la capacidad de destruir muchas cosas.

Tendría más sentido declararnos «bacteriocéntricos», ya que son las bacterias las que realmente regulan casi todos los procesos importantes tanto en la Tierra como en nuestro propio organismo. Cada ser humano, nos recuerda Riechmann, está compuesto materialmente de cerca de un 50 % de bacterias, con lo cual somos casi más bacteria que humanos.

---

4 Alicia Puleo, *Claves ecofeministas para rebeldes que aman a la Tierra y a los animales*, Madrid, Plaza y Valdés, 2019.

Santiago Benítez-Vyeira y Juan Duarte defienden, no obstante, en su prólogo a *La ecología de Marx*, que el debate entre el antropocentrismo y ecocentrismo encierra una peligrosa trampa. Y es que tanto si consideramos que la medida de todas las cosas es el mundo en abstracto como si consideramos que lo es el ser humano, se niega el impacto concreto que los procesos históricos y sociales tienen, así como su papel de causantes de la crisis ecosocial. Los autores contraponen ambas posturas a una visión materialista y científica del mundo, como síntesis superadora de ambas.

## Ecología y economía ante la emergencia climática

Como hemos visto, la ecología y la economía se dan la mano a la hora de reflexionar en torno a las causas de la crisis ambiental y sus posibles soluciones. Si asumimos que la inyección de combustibles fósiles que permitió la industrialización capitalista fue el pistoletazo de salida de la crisis socioambiental, es lógico preguntarse cómo tiene que transformarse este paradigma económico para acabar con esta crisis.

Hemos visto que existen propuestas para redibujar la economía en base a metáforas y discursos que se ajustan más a nuestras necesidades y retos. Pero esos no son los únicos intentos de la economía para tratar de acercarse a la ecología.

Si, como venimos defendiendo, el sistema económico (y su ideología) es el principal responsable de la hecatombe ambiental —en palabras de Marx: «La producción capitalista, por consiguiente, no desarrolla la técnica y la combinación del proceso social de producción sino socavando, al mismo tiempo, los dos manantiales de toda riqueza: la tierra y el trabajador»[5]—, es lógico que la mayor parte del pensamiento ecologista haya versado sobre asuntos económicos. Un enfoque así es el de la economía ecológica.

La economía neoclásica tradicional se caracteriza por justificar el crecimiento ilimitado, por considerar la naturaleza como una «externalidad» y al ser humano como un animal fundamentalmente competente, pero la economía ecológica defiende un enfoque basado en la termodinámica que considere el flujo monetario y los intercambios de materia y energía entre los sistemas físico y económico. Es decir, de lo que

---

5 Karl Marx, *El capital. Crítica de la economía política*, Siglo XXI Editores, 2017, lib. I, cap. 13, párr. 10.

se trata es de un enfoque que haga hincapié en el metabolismo entre sociedad y naturaleza.

Lo que proponen economistas de esta corriente como Nicholas Georgescu-Roegen[6], Herman Daly o Kenneth Boulding es considerar la economía como un proceso abierto, no cerrado en sí mismo, abierto a la física y dependiente de ella, que tienda puentes entre economía, ciencia y ecología. A esto, Manuel Sacristán es a lo que denominó «tercera cultura», una alianza no dogmática y solidaria entre diversas disciplinas que pudieran complementarse para hacer frente a los difíciles retos que tenemos por delante.

### ¿Un nuevo pacto verde?

Tal y como señala el periodista argentino Diego Lotito, no solo los sectores más activistas han tratado de dar una respuesta a la crisis ambiental desde una perspectiva económica. Las grandes potencias capitalistas, a través de sus gobiernos y organismos supranacionales, han puesto en marcha una suerte de plan para abordarla. Como señala Lotito en «Cambio climático, guerra y

---

6 Es muy recomendable esta recopilación de textos del autor: Nicholas Georgescu-Roegen, *Ensayos bioeconómicos.* Madrid, Los libros de la Catarata, 2021.

revolución»[7], tanto en Europa como en Estados Unidos resuena desde hace años la idea de un «nuevo pacto verde», una política que remite al *New deal* estadounidense con el que el gobierno de Roosevelt se enfrentó en la década de 1930 a la crisis económica.

La versión más moderada de esta política empezó a implementarse en el último lustro, con la aprobación de diferentes leyes europeas en materia de emisión de gases contaminantes y con un endurecimiento de las normativas en materia de eficiencia energética. Junto con estas normativas, se aprobó un Fondo Social para el Clima con el que mitigar el impacto social de las medidas, es decir, con el que contener las muy legítimas protestas que podría generar una implementación de estas políticas, que se hacen a menudo sin tener en cuenta a las comunidades a las que afectan.

El activismo ambiental, especialmente el que proviene de Latinoamérica, ha advertido en numerosas ocasiones sobre los riesgos de no tener en cuenta el eje colonial en estas políticas. ¿De qué sirve, pues, sustituir las fuentes de energía contaminantes por otras que requieren un ex-

---

7  Diego Lotito, «Cambio climático, guerra y revolución», *Contrapunto*, 9 de octubre de 2022.

polio de los pueblos y comunidades originarias como las que viven en Argentina, Bolivia o Chile, países ricos en el litio necesario para construir baterías eléctricas? Esta es una contradicción que no es capaz de superar el pacto verde.

Podríamos decir que las políticas del pacto verde se enmarcan en lo que dentro del movimiento ecologista se denomina *businness as usual*, medidas que consisten en hacer «como si no pasara nada» y pudiéramos vivir de la misma manera que antes de generar esta crisis. La corriente que más duramente ha criticado este enfoque se conoce como «ecosocialismo» y no está exenta de debates.

### ¿Marx ecologista?

Por «ecosocialismo» podemos entender todos aquellos enfoques que consideran que no es posible resolver la problemática ecosocial dentro de los límites del sistema económico capitalista. Se trata de un enfoque que combina la economía, la filosofía y la ecología y que bebe del pensamiento de Marx.

Pese a que no solemos asociar a Marx con los problemas ambientales, son muchos los filósofos, sociólogos y demás expertos que llevan recuperando, desde los años 80 del siglo XX, su pensamiento en esta dirección. Podemos considerar al sociólogo estadounidense John Bellamy Foster como un pionero en este terreno. Bellamy Foster ha recopilado el pensamiento ecológico presente en los escritos de Marx, quien fue el introductor de la noción clave de «fractura metabólica»[8]. En *El capital* señaló que las fuerzas productivas entran en conflicto tanto con el trabajo y dignidad humanas como con la dinámica —o metabolismo— propia de la naturaleza, de la que extrae todos sus recursos.

De los estudios de Marx y los intentos de varios autores por recuperar su pensamiento ecológico (John Bellamy Foster, Paul Burkett, Andreas Malm o Kohei Saito) surge la corriente de pensamiento ecomarxista o ecosocialista. Esta considera que el proyecto emancipador del marxismo es todavía válido porque la crítica materialista a la economía política permite generar un pensamiento profundamente ecológico.

Para el ecosocialismo, el sistema económico capitalista devasta las condiciones mismas de su propia existencia, acabando con las fuentes de recursos de las que depende. Uno de los principales exponentes de esta corriente en castellano

---

8 John Bellamy Foster, *La ecología de Marx: materialismo y naturaleza*, Buenos Aires, Ediciones IPS, 2022.

fue el filósofo catalán Manuel Sacristán, que reflexionó sobre la cuestión del poder ambivalente de las fuerzas productivas, que se convierten en fuerzas destructivas del medioambiente en el capitalismo.

Si bien Marx no vio desarrollada la crisis ecosocial como la vemos hoy, según señala Bellamy Foster, «la visión que Marx forjó del mundo era profunda y quizá sistemáticamente ecológica (en todos los sentidos positivos en que hoy se utiliza el término), y esta perspectiva ecológica se derivaba de su materialismo»[9].

Por otro lado, en *La situación de la clase obrera en Inglaterra,* Friedrich Engels consideró que la organización de la población en ciudades por criterios de producción provocaba una creciente crisis urbana. La salud de los obreros, así como su alimentación, se resentían. Los lectores posteriores del marxismo, como Manuel Sacristán en *Algunos atisbos político-ecológicos de Marx*, vieron en esta reflexión de Engels el origen de lo que hoy llamamos «ecología humana».

Pero el ecosocialismo no es solo una corriente que se haya limitado a estudiar arqueológicamente a los primeros marxistas. Se trata de un

---

9 *Ibid*, p. 19.

pensamiento vigente hoy en día en cuyo seno se dan numerosos debates.

## Acelerar o decrecer

El mayor debate que encontramos en el ámbito del ecosocialismo actual tiene que ver con las nociones de crecimiento y decrecimiento económico. Y es que, tal y como señala el economista argentino Esteban Mercatante, hay dos posiciones que polarizan este debate: por un lado las «decrecionistas» o «decrecentistas» y por otro el «ecomodernismo»[10].

Para estos últimos, la respuesta a los problemas ecológicos la encontramos en el desarrollo tecnológico. El intelectual británico Aaron Bastani sostiene que es necesario desarrollar una tecnología independiente de las relaciones de producción capitalistas y automatizar la economía. De esta manera, podríamos ir hacia una sociedad socialista *de lujo* donde los problemas ambientales desaparecerían.

Esteban Mercatante sostiene que este tipo de planteamientos se basan en estadísticas muy centradas en los países desarrollados, pero que no sir-

---

10 Esteban Mercatante, «Ecología y comunismo», *Contrapunto*, 5 de noviembre de 2023.

ven si concebimos el problema de la crisis ambiental como lo que es: un problema global. El «lujo» del que habla Bastani se basa en la hipótesis de que el desarrollo de la economía y la automatización tienden a «desmaterializar» los impactos ambientales. Hablando claramente: según esta posición, las tecnologías de la información nos llevan a una senda de coste ambiental cero.

Lo que ocurre en realidad, sostiene Mercatante, es que los países ricos basan su desarrollo tecnológico en los procesos materiales que ocurren en los países menos desarrollados: «No hay desmaterialización, sino deslocalización de los procesos materiales en terceros países, a donde "tercerizan" los impactos ambientales».

Desde la otra trinchera, el decrecentismo plantea la necesidad de disminuir rápidamente el volumen de la producción total. Propone, así, desacelerar los procesos productivos y tratar de cerrar la fractura metabólica acoplando de nuevo el metabolismo económico con el natural, ajustándonos a sus tiempos. De esta forma, se simplificarían las formas de vida que se dan bajo el capitalismo para disminuir el consumo de recursos y combustibles.

En realidad, debemos apuntar que existen al menos dos enfoques decrecionistas. Uno de ellos no se enmarca dentro del ecosocialismo: sería toda aquella idea de que es necesario decrecer en general, pero no especifica quiénes deben decrecer ni cómo deben hacerlo. El problema de esta posición es que existen numerosas economías y formas del vida en el mundo que viven en la más absoluta de las miserias y que no pueden decrecer.

El decrecionismo ecosocialista no es genérico en este sentido: apunta a quienes «más tienen» como aquellos que deben decrecer, y dentro de estos, a quienes son responsables de la crisis ambiental. Un filósofo que se halla alineado con esta posición es el japonés Kohei Saito, que propone un «comunismo decrecentista». En el centro de su reflexión no solo encontramos una apelación a la utilidad del decrecentismo, sino que también hay una reflexión ética y política: lo más justo es decrecer.

Mercatante señala, desde un punto de vista crítico tanto con el ecomodernismo como con el decrecionismo, que debemos explorar formas de aumentar la productividad sin aumentar, por ello, el volumen de producción y plantea que en este punto la visión de Saito es unilateral. Propone, frente a estas visiones, «planificar el metabolismo socionatural», apoyándose en la visión del geógrafo sueco Ståle Holgersen. La propuesta implica también descentrar la mirada de la cuestión del crecimiento y ponerla sobre las fuerzas sociales necesarias para imponer una transición ecosocialista.

En el Estado español, el pensamiento más relevante en torno al ecosocialismo decrecentista ha venido de la mano de Jorge Riechmann, Adrián Almazán y Carmen Madorrán, que, con diferencias entre sí, proponen un «ecosocialismo descalzo»: una propuesta política donde asumamos que debemos vivir con menos y seguir peleando por la felicidad colectiva en ese marco. Desde la óptica de estos autores, todas las visiones que basen la transición ecosocial en el desarrollo tecnológico no estarían siendo realistas con la necesidad de decrecer.

## Ciencia, tecnología y ecología

El reto al que nos enfrenta la crisis ecosocial es también un reto tecnocientífico. Si aceptamos que uno de los principales motivos de la catástrofe a la que nos enfrentamos hoy se debe a la contaminación por gases de efecto invernadero que genera la actividad económica, nos daremos cuenta que el desarrollo tecnológico ha sido un elemento fundamental de esta actividad.

La pregunta que se han hecho científicos, filósofos y profesionales de diferentes ámbitos preocupados por la emergencia climática es si la tecnociencia, además de ser parte del problema, puede serlo también de la solución.

Como mínimo, existen diversos enfoques científico-tecnológicos que han tratado de abordar el problema de la crisis ambiental desde su perspectiva. La misma ecología, como rama de la biología, se asienta sobre los saberes empíricos de la ciencia. Pero veremos que los debates en torno a ciencia y tecnología abren nuevos debates en los estudios ambientales.

**Una reflexión científica: la teoría de sistemas**
En la reflexión ecológica destaca el enfoque de la teoría de sistemas, que emergió en la década de 1940 como un nuevo punto de vista en las ciencias naturales y sociales. Se considera que su fundador fue el biólogo y filósofo austríaco Ludwig von Bertalanffy, que en el libro *Teoría general de los sistemas* introdujo la mayor parte de sus principios. Fue popularizado, posteriormente, por la científica ambiental estadounidense Donella Meadows.

La «teoría de sistemas» se basa en el estudio de las totalidades complejas por encima de los elementos individuales, cuyo estudio aislado es considerado propio de un enfoque reductivo y excesivamente analítico. Por poner un ejemplo, en lugar de estudiar la botánica por un lado y la fauna por otro dentro de un ecosistema concreto, desde la teoría de sistemas se propone un enfoque más holístico que consideraría a ambas como parte de un mismo conjunto organizado.

La naturaleza estudiada así no es vista como una suma simple de individuos, sino como un todo complejo donde cada elemento tiene comportamientos especiales cuando se estudia su interacción con otros elementos. El conjunto de seres vivos —que para esta teoría se denominan «biocenosis»— en su medio natural —o «biotopo»— constituyen un sistema que se autoorganiza y en el que se dan intercambios de energía y materia.

Este enfoque permite explicar las propiedades que tiene un conjunto que no estaban presentes en sus elementos por separado (como las propiedades del agua, que no se derivan de las del hidrógeno y el oxígeno). Estas se denominan propiedades emergentes y han servido a la ciencia ecológica para elaborar predicciones más precisas sobre el comportamiento de sistemas complejos.

En el informe del Club de Roma de 1972, en el que participó la propia Donella Meadows y en el que se implementaba ya esta teoría, se establecía una predicción exhaustiva de cómo iban a evolucionar indicadores como el consumo de energía o el incremento de la población mundial en los siguientes años. Sus predicciones se han cumplido con escabrosa exactitud.

### Las críticas a la ciencia

Si bien existen enfoques científicos que han contribuido a diagnosticar la magnitud de la crisis ecológica y a pensar rutas para su resolución, lo cierto es que es una parte importante del conocimiento científico ha servido, más bien, para sostener la dinámica ecodestructiva del capital.

Así lo denuncia la primatóloga y filósofa estadounidense Donna Haraway, que ha dedicado una parte importante de su obra a mostrar cómo la ciencia de los siglos XIX y XX ha servido para justificar la opresión y explotación económicas. Haraway denuncia que la primatología precedente se ha concentrado en mostrarnos como un pariente próximo del violento y solitario chimpancé y, a su vez, introducir toda una serie de sesgos en el estudio de estos animales.

Este también es el posicionamiento del marxismo, que ha entendido la ciencia como un instrumento al servicio de un cierto orden de cosas. En *La biología en cuestión*, los biólogos estadounidenses Richard Levins y Richard Lewontin pusieron de manifiesto el doble rol de la ciencia. Por un lado, como empresa humana capaz de expresar nuestra potencialidad imaginativa y, por otro, como un producto más de la industria. Un paradigma que nos encierra en la dualidad entre conocimiento e ignorancia y nos impide dar respuesta a los grandes problemas que enfrenta nuestra especie, parafraseando a los autores.

Para Lewis y Lewontin, un requisito fundamental para edificar una nueva ciencia que nos permita dar respuesta a los retos del presente consiste en utilizar como método permanente el cuestionamiento crítico del rol que el conocimiento juega al servicio del poder. Al igual que apuntaba la teoría de sistemas, este enfoque sostiene que la totalidad ha de entenderse como una relación entre las partes y que el estudio de los procesos es más abarcante y útil que el estudio de cada elemento aislado. Los autores enmarcan este procedimiento dentro del materialismo dialéctico.

El científico debe, por tanto, alejarse del mero interés teórico y académico y entender que toda labor científica conlleva un cierto programa político. Lo que se decide investigar, los métodos que se utilizan y los beneficiados de los productos de la investigación científica son un territorio en disputa que los propios científicos tienen que abordar.

## Gaia y los enfoques idealistas

La teoría de sistemas no ha sido el único enfoque que entre los siglos XX y XXI se ha dado desde la ciencia para comprender mejor la crisis ecosocial. El químico y ambientalista inglés James Lovelock desarrolló, entre las décadas de 1960 y 1970, una hipótesis científica que se denominó «hipótesis Gaia», en referencia a la diosa griega de la Tierra (de cuyo nombre deriva nuestro actual prefijo «geo-»).

Según este modelo, la Tierra sería un todo organizado que fomentaría unas condiciones atmosféricas y de temperatura adecuadas para el mantenimiento de la biosfera. Tanto la superficie terrestre como la atmósfera se comportarían como un sistema autorregulado y equilibrado. El principal problema de este enfoque es que parece otorgarle cierta agencia a nuestro planeta, como si este tuviera intenciones conscientes. Es por esto que otros científicos, como el español Carlos de Castro, han propuesto que Gaia sea más bien un modelo general del que derivar una teoría científica más elaborada.

Los filósofos y científicos materialistas se han opuesto rabiosamente a esta teoría por considerarla excesivamente idealista. De este lado de la reflexión destacan de nuevo Richard Levins y Richard Lewontin, quienes consideran que la ciencia ecológica debe entenderse en términos dialécticos, no holísticos o idealistas.

### Debates en torno a la tecnología

En su libro *Técnica y tecnología. Cómo conversar con un tecnolófilo*, Adrián Almazán distingue entre los ámbitos de técnica y tecnología dándoles a cada uno en una responsabilidad diferente en la crisis ecosocial. Tal como explica el autor, la capacidad técnica es atribuible a todas las sociedades humanas (y a algunas especies de animales no humanos) y refiere a la capacidad de utilización y fabricación de objetos útiles para el desempeño de diversas actividades.

La tecnología, sin embargo, es un tipo concreto de técnica que se da exclusivamente en las sociedades capitalistas modernas y sin la cual la especie humana ha vivido la mayor parte de su historia. Almazán ofrece, por tanto, una propuesta de decrecimiento: repensar el papel de la técnica en nuestras sociedades y abandonar un uso de ella que conlleve devastación ambiental y que no sea fundamental para la satisfacción de las necesidades humanas.

La técnica, señala, nos acompañará previsiblemente tanto como duren nuestras andanzas por el mundo como especie. No sucede lo mismo con la tecnología, cuyo origen solo ha podido ser fruto de una fuerte dependencia de materiales escasos y fuentes de energía enormemente contaminantes.

El economista Esteban Mercatante ha optado por tratar de imaginar tecnologías no sometidas al interés de mercado. Con esto no pretende socavar toda crítica que se le pueda hacer a la tecnología *en sí* (pues hay tecnologías que difícilmente podrían perpetuarse, aunque lo fueran en un sistema económico diferente), sino poner sobre la mesa la necesidad de pensar una tecnología desde la planificación en términos materiales. Y esta planificación, sostiene Diego Lotito, difícilmente llegará de la mano de las empresas y gobiernos que han conducido a la hecatombe ambiental, así que es necesario pensar en términos de democratizar los medios de producción. Los ejemplos microscópicos que deberían extenderse podrían estar en las fábricas recuperadas de Argentina, como la de Zanón o la de Madygraf, que lograron una autogestión completa, además de perpetuar la producción bajo criterios de sostenibilidad ambiental.

y ficciones distópicas reflejan el miedo a que se produzcan desórdenes contra el poder, rodeando estas ficciones de una atmósfera de angustia y ansiedad que paraliza a los protagonistas políticamente[2]. Vivir en la distopía nos lleva, por tanto, y siguiendo el razonamiento de Hellín Nistal, hacia la inacción política, el conservadurismo y el conformismo, elementos que son perfectamente útiles a los poderes establecidos.

Frente a esta visión distópica encontramos la fuerza de la movilización de diferentes sectores que, desde hace décadas, vienen reclamando justicia climática y tirar del freno de emergencia ecológica para asegurar un planeta habitable para la especie humana. Una movilización que, si bien no ha sido revolucionaria y ha forzado un cambio de paradigma global, es la semilla sobre la que puede surgir un cambio profundo.

Un gran ejemplo fueron los miles de jóvenes que protagonizaron las marchas por el clima en 2019 por todo el mundo. También el pueblo de Jujuy (Argentina), que en 2023 se levantó contra el expolio de litio que el gobierno quiso facilitar-

---

2 Lucía Hellín Nistal, «*Joker* y *Oxygène*, el miedo distópico como motor conservador», *Distopía y Sociedad: Revista de Estudios Culturales*, nº 2, 2022, pp. 49-61.

les a las multinacionales imperialistas. Se trata de una movilización que podemos caracterizar como «revuelta», parafraseando al sociólogo argentino Matías Maiello en *De la movilización a la revolución*, un fenómeno en los que emerge la «ciudadanía» pero de forma atomizada, se concentran las protestas en determinados espacios públicos (y no tanto en los centros de trabajo, por ejemplo) y existe una fuerte fragmentación social de los actores que participan en el proceso.

Para salir de la «rueda», como señala el autor, que lleva a cada proceso de movilización a la derrota o el desvío, sería necesario salir de la lógica de la exigencia a un gobierno. En sí mismos esos procesos de revuelta no transforman la realidad, pero pueden profundizarse y convertirse en enormes movimientos que pongan en jaque al sistema.

La clave, dice Hellín Nistal, es salir del imaginario de la distopía e imaginar un mundo mejor. Algo similar a lo que reivindican Almazán, Riechmann y otros investigadores centrados en la crisis ambiental: es el momento de dejar de resistir y volver a pelear por un mundo mejor. Un mundo nuevo que transforme la sociedad de raíz. Parece complicado porque es complicado. Pero no es imposible. Lo imposible es que un sistema económico dure para siempre. Lo imposible es que se devasten las condiciones de vida de las masas sin que estas pongan en pie una respuesta. Pero lo que advierte la gravedad de la crisis climática es lo siguiente: el momento de pensar esa respuesta es ahora.

# ADRIÁN ALMAZÁN: «LA CRISIS ECOSOCIAL ES TAMBIÉN UNA CRISIS DE SENTIDO Y DE HORIZONTE»

Adrián Almazán es doctor en Filosofía y licenciado en Física por la Universidad Autónoma de Madrid (UAM). Alterna su formación científica con la militancia en diferentes colectivos libertarios, espacios donde adquirió una formación *poliética* colectiva y autónoma y se encontró por primera vez con la crítica al progreso y la tecnología. Es autor de *Técnica y tecnología* y ha participado en varios libros colectivos, entre ellos *Ecosocialismo descalzo*. Publica regularmente en medios digitales como Contexto y Acción, eldiario.es o 15/15\15.

*¿Por qué cree que el problema de la crisis ecosocial merece un trato desde la filosofía?*

No existe disciplina hoy que pueda permitirse el lujo de dar la espalda a la crisis ecosocial global. Y ello al menos por dos razones. La primera es su gravedad. El daño social derivado de las dinámicas de degradación ecológica en marcha desde hace décadas es ya enorme, y si nada cambia, seguirá aumentando hasta poner en serio riesgo la propia vida humana. Basta pensar en las migraciones forzadas, las crisis alimentarias o los conflictos por los recursos.

La segunda razón es su endiablada e irreductible complejidad. Comprender la crisis ecosocial global implica atender a factores económicos, biológicos, termodinámicos, institucionales… y también filosóficos. La filosofía, o más en general un ámbito ampliado de humanidades ecológicas, es de hecho la que más y mejor puede ayudarnos a desentrañar la dimensión narrativa e imaginaria de esta crisis. La crisis ecosocial es también una crisis de sentido y de horizonte, de la historia que nos venimos contando sobre quienes somos en este planeta.

También la filosofía, sobre todo en su dimensión de «filosofía como forma de vida», tiene un enorme potencial para abrirnos puertas a salidas de este laberinto. Y es que no basta con reformas políticas o económicas, necesitamos una revolución antropológica y una transformación de fondo de nuestros modos de vida.

*¿Qué relación existe entre la tecnología y la crisis ecosocial?*

Esta pregunta resulta engañosamente sencilla. Para poder responderla un primer paso imprescindible es re-historizar el fenómeno técnico y romper con la idea ingenua de que la diferencia entre una lanza y una bomba nuclear es básicamente de grado, y no de naturaleza. Al hacerlo, podemos ver con claridad que lo que yo propongo llamar tecnologías son de hecho causa y efecto de las mismas dinámicas que causan la crisis ecosocial global.

El capitalismo industrial *es*, entre otras cosas, sus tecnologías. Y por tanto las tecnologías *son*, entre otras cosas, el crecimiento económico ilimitado, la destrucción ecológica, el desarrollo desigual, la alienación, etc. Además, las tecnologías han venido a ocupar el lugar simbólico antes reservado a la religión. El ingeniero y el científico son los nuevos sacerdotes capaces de definir y satisfacer nuestras necesidades. Y las tecnologías son las soluciones mágicas que nos permitirán no solo solventar cualquier problema, sino incluso trascender nuestra finitud en el camino a una inmortalidad digitalmente asistida.

*Entonces, ¿la tecnología no puede jugar ningún papel a la hora de hacerle frente a esta crisis?*

Desde luego hay que romper con la idea ingenua de que es posible encontrar una solución meramente tecnológica a la enmarañadísima red de problemas que constituyen la crisis ecosocial global. La insostenibilidad e inviavibilidad de las ciudades no se soluciona haciéndola *smart*. La precariedad laboral no se solventa con una Cuarta Revolución Industrial. El dañado tejido social no se regenera a golpe de redes sociales. El problema de la movilidad no puede limitarse a la electrificación. Y, por supuesto, el cambio climático no puede archivarse pensando únicamente en la aplicación a gran escala de la geoingeniería.

¡¡¡ Jorge Riechmann suele decir que el cambio climático es un síntoma de una enfermedad mayor: el capitalismo. En verdad toda la crisis ecosocial es el síntoma de nuestro patológico capitalismo industrial fósil. De ahí que la tecnología tenga que repensarse a fondo en esta coyuntura. Debemos abrir los horizontes hacia técnicas más diversas que abandonen la *hybris* del *tecnosolucionismo* capitalista y se reformulen en términos más humildes. Técnicas que se acoplen a las dinámicas naturales y sean compatibles con modos de organización democráticos. Técnicas que no nos prometan que todo puede seguir igual sin que nadie cambie, sino que sean palanca y resultado de una transformación social y moral, *poliética*, de calado civilizatorio.

*¿Nos vuelven nuestros modos de vida impotentes para dar respuesta a los retos a los que nos enfrenta la crisis ecosocial?*

Si hay un problema crucial, desde mi punto de vista, para una filosofía ecológica es precisamente el de los modos de vida. Uno de los elementos que da cuenta de nuestra lentitud para poner en marcha reformas de calado que frenen en seco la actual crisis ecosocial es precisamente que las dinámicas destructivas de la misma se han entrelazado de manera estructural con la satisfacción de nuestras necesidades, con nuestras aspiraciones y sueños, con nuestros imaginarios.

Nuestros modos de vida cotidianos en estados como el español son una sucesión de genocidios diferidos que somos incapaces de ver atrapados en una banalidad del mal omnipresente. Todos somos Claude Eatherly, pero nuestra bomba atómica tiene la forma de incendios, sequías y destrucción de la biodiversidad. De ahí que recuperar el pulso primigenio de la filosofía, hacer de esta un vector de transformación de la vida a través de la indagación crítica, sea crucial.

Sin otra economía, otras instituciones, otras técnicas, pero también otros deseos, otros relatos sobre nuestro papel en el mundo, será inevitable que el colapso ecosocial en curso se torne en desastre ecológico y humano a nivel planetario. De ahí que la propuesta del decrecimiento sea mucho más que la de transformar la política. Lo que este pretende es transformar la vida, inaugurar una nueva civilización.

# GLOSARIO DE TÉRMINOS

## Antropocentrismo

Se trata de la ideología que sitúa a los seres humanos como el centro de todas las cosas. Diversos filósofos sostienen que esta ideología se encuentra en la base del pensamiento moderno y que debe ser cuestionada si queremos poner sobre la mesa los derechos del medioambiente y el resto de los animales, así como nuestras responsabilidades sobre ellos. El filósofo australiano Peter Singer retoma esta crítica al antropocentrismo para desarrollar un pensamiento antiespecista que permita que los seres humanos vivamos respetuosamente con el resto de animales.

La filósofa española Alicia Puleo ha señalado, además, que este antropocentrismo es la base de la ideología que da lugar a la devastación ambiental. Propone una ética anti-antropocéntrica y anti-androcéntrica, ligando así la centralidad del ser humano con la centralidad que el patriarcado le ha dado al varón. El pensamiento poshumanista de autoras como Donna Haraway o Rosi Braidotti también ha puesto en jaque esta noción, ligándola a la corriente de pensamiento del humanismo filosófico.

## Ecosocialismo

Se trata de una serie de enfoques y corrientes heterogéneas que tienen en común la reivindicación de superar el sistema económico capitalista una forma de superar la crisis ecosocial. Beben de las reflexiones de Marx, que en *El capital* desarrolló un pensamiento materialista preocupado por la incipiente devastación ambiental, y de las de Engels, que en *La situación de la clase obrera en Inglaterra* apuntó a los problemas que la contaminación y el hacinamiento urbano provocaban sobre la salud y la naturaleza.

En la segunda mitad del siglo XX, esta corriente se desarrolló dentro del marco de la socialdemocracia eurocomunista. Sin embargo, pronto se propagó a otras latitudes y enfoques políticos. Dentro de esta corriente existen posturas enfrentadas, pero se trata de uno de los movimientos intelectuales más interesantes de todos los que están pensando la crisis ambiental, ya que en su seno conviven especialistas de numerosas disciplinas que tienen en común la elaboración incipiente de un pensamiento estratégico sobre cómo superar el capitalismo. A esta corriente también se la conoce como «ecomarxismo». Algunos de sus representantes son John Bellamy Foster, Kohei Saito, Daniel Tanuro, Jorge Riechmann, Michael Löwy y Andreas Malm.

## Fractura metabólica

«Metabolismo» es un término clásicamente utilizado en biología para referirse al conjunto de procesos físicos que mantienen el equilibrio ecológico del planeta y el equilibrio entre los organismos. La propuesta de algunos pensadores ecologistas, entre los que destacan John Bellamy Foster y Kohei Saito, es recuperar esta noción que Marx utilizó para representar la fractura existente entre la economía y naturaleza conocida como «fractura metabólica» o «brecha ecológica». Esta grieta se produce por la utilización de la naturaleza como fuente inagotable de materias primas y un vertedero infinito de desechos. La sobreexplotación de los recursos naturales y, por tanto, la imposibilidad de los ecosistemas de recuperarse *lo suficientemente rápido* de la actividad humana es un signo de esta fractura. Desde este punto de vista, la crisis ambiental no es fruto de la economía en abstracto, sino de un cierto tipo de economía que utiliza la naturaleza como fuente de valor para el beneficio de una minoría de seres humanos.

La propuesta de estos autores es defender un programa político con el que cerrar la fractura metabólica y reestablecer un equilibrio entre la actividad humana y la natural. Esto ha generado un gran debate en torno a cuál sería este programa político y, en concreto, qué papel jugaría en él el crecimiento económico, que entendido como lo entiende el sistema capitalista es difícilmente compatible con el metabolismo natural, dado que implica una constante utilización de recursos.

## Interdependencia

Desde el pensamiento ecologista se ha señalado que, pese a la ilusión moderna de que el ser humano es cada vez más independiente y se halla emancipado del resto, en realidad estamos más interconectados que nunca: la globalización ha generado cadenas de dependencia humana a nivel mundial. La mutua dependencia es el pilar sobre el que se basa la evolución, algo que apuntaron pensadores como Lynn Margulis, que desde el ámbito de la biología se dedicó a señalar la simbiosis como un elemento fundamental para el desarrollo de las especies. Desde esta visión, la competitividad es un elemento más (pero no el fundamental) de la evolución, que se complementa con la necesidad continua de los individuos de apoyarse en otros para la subsistencia.

El filósofo Jorge Riechmann señala, además, que somos tanto interdependientes como ecodependientes. Es decir, que no se produce en absoluto una «emancipación de la naturaleza» ni de los otros, como el pensamiento neoliberal actual se empeña en afirmar. Cualquier proyecto ético para el siglo XXI —que Riechmann llama «el siglo de la gran prueba»— debe tener estas coordenadas muy en cuenta.

### Justicia intergeneracional

La crisis ecológica se ha entendido desde diversos ámbitos y también desde coordenadas éticas y jurídicas. La devastación ambiental no se produce en un mundo vacío, lo hace en uno en el que ya somos más de ocho mil millones de personas que sufren sus consecuencias. Para algunos filósofos, como John Rawls, tenemos responsabilidades jurídicas no solo sobre los seres humanos que viven hoy, sino también sobre las generaciones futuras, que se verán constreñidas por los efectos de nuestras decisiones como una posible falta de recursos o el aumento drástico de las temperaturas y la inhabitabilidad de algunas zonas del planeta.

Existen objeciones a la noción de justicia intergeneracional. Una de ellas apela a la (in)existencia de las futuras generaciones que las hace intangibles y a sus individuos, impersonales. Esto es una dificultad tanto para el derecho como para la ética, lo cual se suma a que no percibimos ni nos preocupamos por las generaciones venideras. Sin embargo, quienes abogan a favor de la existencia de una justicia intergeneracional señalan que el ser humano es suficientemente capaz de imaginar y desarrollar una sensibilidad moral hacia los que vendrán después.

## Sostenibilidad

Se trata de uno de los términos más discutidos en el pensamiento ecologista. Por «sostenibilidad» podemos entender la capacidad de un sistema para autorregularse sin necesidad de recursos externos y de manera sostenida en el tiempo. Refiere a la (in)capacidad de nuestro sistema económico de perpetuarse a lo largo del tiempo, porque devasta su propia capacidad de supervivencia.

Este término fue muy discutido en el marco de la política de las grandes potencias imperialistas en la segunda mitad del siglo XX. Empresas y gobiernos comenzaron a hablar de que eran posibles políticas de «crecimiento sostenible», donde se asegurara el continuo crecimiento de los intereses capitalistas y los Productos Interiores Brutos nacionales a la par que se volvía a situar a la economía en una senda de respeto al medioambiente. Estas políticas fueron un absoluto fracaso y a día de hoy el consenso científico y filosófico apunta, más bien, a que no es posible un crecimiento sostenible, o por lo menos no como lo entiende el capitalismo.

# CRONOLOGÍA DE ALGUNAS
# APORTACIONES FILOSÓFICAS
# SOBRE LA CRISIS CLIMÁTICA

**1845** Friedrich Engels, *La situación de la clase obrera en Inglaterra.*

**1867** Karl Marx, *El capital.*

**1949** Aldo Leopold, *Almanaque del Condado Arenoso.*

**1968** Ludwig von Bertalanffy, *Teoría general de sistemas.*

**1971** Nicholas Georgescu-Roegen, *Ley de la entropía y el proceso económico.*

**1972** Se presenta el informe del Club de Roma de *Los límites del crecimiento*, una advertencia a las economías capitalistas de cuál era el estado de la crisis y una aplicación práctica de la teoría de sistemas.

**1979** Manuel Sacristán funda, junto con Guilia Adinolfi, la revista *Mientras Tanto*. En ella expondrá parte de su pensamiento ecológico, innovador en lengua castellana.

**1989** Carlos Antunes, Pierre Juquin, Penny Kemp, Isabelle Stengers, Wilfried Telkämper y Frieder Otto Wolf, *Manifiesto ecosocialista por una alternativa verde europea.*

**1998** Lynn Margulis, *Planeta simbiótico.*

**2000** John Bellamy Foster, *La ecología de Marx: materialismo y naturaleza.*

**2000** Paul Crutzen introduce por primera vez el neologismo «Antropoceno» en una publicación científica.

**2001** Michael Löwy, *Manifiesto ecosocialista.*

**2012**  Jorge Riechmann, *Interdependientes y ecodependientes.*

**2016**  Jason Moore, *Anthropocene or Capitalocene? Nature, History, and the Crisis of Capitalism.*

**2018**  Kate Raworth, *Economía rosquilla.*

## SOBRE LA AUTORA

Irene Gómez-Olano y Romero (Madrid, 1996) estudió Filosofía en la Universidad Autónoma de Madrid (UAM) y el Máster de Crítica y Argumentación Filosófica en la misma universidad. Trabaja como redactora en FILOSOFÍA&CO y colabora como periodista en Izquierda Diario. Ha colaborado con un capítulo en la reedición de *Manifiesto ecosocialista* (2022), libro del que también es coeditora. También ha participado en la traducción de obras como *Fluminismo* (2020), de Ginny Batson, o el artículo «Bailar con sistemas», de Donella Meadows.

La primera edición de este libro fue impresa en marzo de 2024. Cinco años antes, jóvenes de todo el mundo fueron a la huelga estudiantil contra la crisis climática. Más de un millón y medio de personas salieron a las calles de más de 2 000 ciudades. Este libro pretende recuperar ese espíritu de lucha e inspirar a la rebeldía contra la catástrofe hacia la que vamos encaminados.